MONDE EN POCHE POUSSIN

La Baleine bleue

Angela Royston

illustré par Jim Channel

NATHAN

Dans ce livre

Voici l'histoire de la baleine bleue, que l'on appelle aussi rorqual bleu. C'est le plus grand animal ayant jamais vécu. Elle est aussi longue que trois autobus mis bout à bout, et aussi lourde que quatorze autobus.

Le krill ressemble à une minuscule crevette

La baleine bleue n'a pas de dents et mange des tonnes de petites crevettes appelées le krill.

Elle avale d'énormes bouchées de krill et d'eau. Puis elle recrache l'eau et retient le krill dans les centaines de fines lames courbées qui bordent sa bouche, et que l'on appelle les fanons.

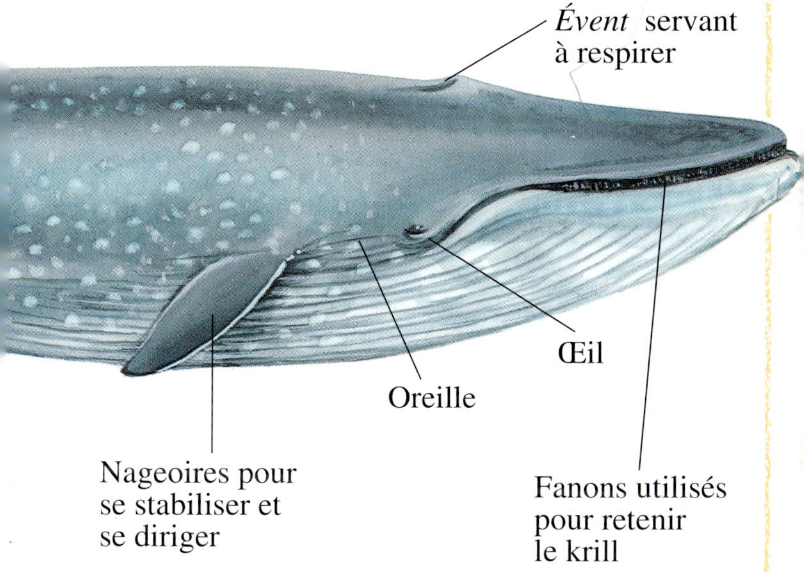

L'orque affamé

Une baleine bleue est en train de manger du krill, lorsque soudain un *orque* affamé passe à côté d'elle. La baleine sait qu'il ne l'attaquera pas, car elle est plus grande et plus forte que lui.

Non loin de là, un groupe de *manchots* se nourrit de poissons. Ils voient arriver l'orque et bondissent hors de l'eau sur la glace, en poussant des cris de frayeur.

Mais l'orque plonge sous la glace et la fait basculer. Un manchot malchanceux tombe dans l'océan et l'orque l'attrape pour le manger.

Au revoir l'Antarctique

En été, la baleine bleue se nourrit dans l'*Antarctique* et une épaisse couche de *lard* se forme sous sa peau. Lorsque l'océan commence à geler, elle entreprend un long voyage vers des eaux plus chaudes.

Toutes les vingt minutes environ, elle vient à la surface pour respirer. Elle souffle de l'air qui fait un panache de buée. Puis elle respire profondément et plonge à nouveau.

Un jour, elle rencontre des *mégaptères* chantant de leur voix mélodieuse et étrange. Elle nage encore et toujours plus loin.

Rencontre amoureuse

Après quelques semaines de voyage, la baleine bleue arrive dans les mers chaudes. Elle adore nager dans l'eau chaude, mais la nourriture y est rare, car le krill vit surtout dans l'eau froide.

Un jour, elle sent une baleine nageant non loin. Elle l'appelle et un grand mâle la rejoint très vite.

Il nage autour d'elle et la touche avec son museau. Ils se frottent ensuite tendrement l'un contre l'autre, avant de *s'accoupler.*

Retour en Antarctique

Les semaines ont passé, la baleine amaigrie est affamée. C'est le moment de retourner dans les eaux froides de l'Antarctique.

Tout en nageant, elle produit des petits bruits cliquetants. Elle peut savoir à leurs échos s'il y a un rocher ou un bateau à proximité.

Un jour, elle nage près d'un fond rocheux. C'est alors qu'elle voit un mégaptère. Il frotte son corps sur les rochers pour se débarrasser des *balanes* qui sont agrippées à ses *flancs*. Il est si occupé qu'il ne voit pas la baleine bleue.

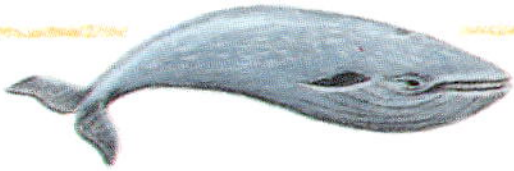

L'attaque

La baleine bleue est enfin arrivée dans les eaux froides. Elle trouve un banc de krill et en avale goulûment plusieurs bouchées.

Soudain, elle entend les cris de détresse d'un *baleineau.* Des orques nagent autour de lui en le mordant avec leurs dents pointues. Très vite, la baleine lui vient en aide.
Elle frappe les orques avec sa queue et bientôt ils s'enfuient.

Naissance du baleineau

L'hiver est revenu. Certaines baleines restent dans les eaux froides, mais la baleine bleue rejoint les mers chaudes. Onze mois se sont écoulés, un bébé a grossi dans son ventre et il va bientôt naître.

À la naissance, c'est la queue du baleineau qui apparaît la première. Maman baleine se place tout contre lui et le conduit jusqu'à la surface.

Le baleineau grogne et piaille en prenant sa première respiration. Puis, aidé par sa mère, il commence à nager et la suit.

Le repas du baleineau

Contrairement à sa maman, le jeune baleineau n'a pas de lard. Il doit manger et cherche donc les mamelles de sa mère pour téter.

Le baleineau passe la plupart de son temps à boire le lait chaud et très riche de sa mère. Il grandit vite et devient bientôt deux fois plus gros qu'à sa naissance. Mais il nage encore tout près de sa mère et ils se parlent en chantant.

Un bébé très joueur

Les semaines passent et la
baleine et son petit
vivent ensemble.

Ils jouent pendant des heures. Le baleineau aime nager autour de sa mère et se poser sur son dos. Souvent, il sort la tête de l'eau, puis se retourne et plonge sous sa mère, juste pour s'amuser.

Un combat sous l'eau

Un jour, la baleine et son petit entendent des bruits de lutte en dessous d'eux. Ils voient un *cachalot* aux prises avec un *calmar géant.*

Le calmar agrippe le museau du cachalot avec ses très grands tentacules. Le cachalot se débat, mais il ne parvient pas à se libérer.

Finalement, le cachalot arrive à planter ses dents dans le calmar. Il le mord très fort et les tentacules lâchent prise. La fin du combat est proche maintenant.

Quelques minutes plus tard, le cachalot a avalé le calmar. Il remonte alors à la surface pour respirer et surgit juste devant la baleine bleue et son baleineau.

Le baleineau grandit

Le baleineau a maintenant cinq mois et sa mère est très affamée. Il est temps d'entreprendre le voyage pour rejoindre les eaux froides très riches en krill de l'Antarctique.

Arrivés dans les eaux froides, la baleine bleue apprend à son petit à manger le krill. Une couche de lard se forme peu à peu sous sa peau.

Très vite, il sait se débrouiller seul. En automne, ils retourneront dans les eaux chaudes, où sa mère pourra s'accoupler à nouveau.

Quelques mots difficiles

Antarctique Terre et océan froids autour du pôle Sud.

Balane Petit crustacé qui s'accroche et vit sur les rochers, les bateaux et certaines baleines.

Baleineau Jeune baleine.

Cachalot Très grande baleine qui a une tête énorme. Contrairement à la baleine bleue, le cachalot n'a pas de fanons, mais de toutes petites dents.

Calmar géant Grand animal marin avec de longs « bras » appelés tentacules.

Évent Orifice respiratoire (narine) situé sur le dessus de la tête des baleines.

Flanc Côté du corps.

Lard Couche de graisse qui tient chaud aux baleines. Le lard d'une baleine est plus épais après l'été.

Manchot Oiseau qui vit dans l'Antarctique. Le manchot ne peut pas voler, car ses ailes sont trop petites, mais il nage comme un dauphin.

Mégaptère Appelée aussi « baleine à bosses », c'est une grande baleine noire et blanche, qui a deux longues nageoires et des petites bosses sur la tête.

Orque Grand dauphin noir et blanc.

S'accoupler Pour que la baleine bleue attende un bébé, elle doit d'abord s'accoupler avec une baleine mâle.